BEI GRIN MACHT SICH IHR
WISSEN BEZAHLT

Bibliografische Information der Deutschen Nationalbibliothek:

Die Deutsche Bibliothek verzeichnet diese Publikation in der Deutschen National-
bibliografie; detaillierte bibliografische Daten sind im Internet über http://dnb.d-
nb.de/ abrufbar.

Impressum:

Copyright © 2007 GRIN Verlag, Open Publishing GmbH
Druck und Bindung: Books on Demand GmbH, Norderstedt Germany
ISBN: 9783640514946

Dieses Buch bei GRIN:

http://www.grin.com/de/e-book/141107/erinnerungskultur-in-deutschland-1945-
1995

Michael Gamperl

Erinnerungskultur in Deutschland 1945-1995

GRIN Verlag

GRIN - Your knowledge has value

Der GRIN Verlag publiziert seit 1998 wissenschaftliche Arbeiten von Studenten, Hochschullehrern und anderen Akademikern als eBook und gedrucktes Buch. Die Verlagswebsite www.grin.com ist die ideale Plattform zur Veröffentlichung von Hausarbeiten, Abschlussarbeiten, wissenschaftlichen Aufsätzen, Dissertationen und Fachbüchern.

Besuchen Sie uns im Internet:

http://www.grin.com/

http://www.facebook.com/grincom

http://www.twitter.com/grin_com

1. Allgemeines

Im folgenden verschriftlichten Referat wird es um Erinnerung, anhand des „Fallbeispiels 1945-1995" gehen. Hierzu wurden zum einem ein Aufsatz von Aleida Assmann mit dem Titel „Wendepunkte der deutschen Erinnerungsgeschichte"[1] und zum anderen die Monographie „Krieg als Text"[2] von Klaus Naumann untersucht. Es soll hierbei zuerst auf den Text von Aleida Assmann eingegangen werden, da dieser einen Gesamtüberblick über die Erinnerungskultur der Deutschen im Zeitraum 1945 bis 1995 offeriert. Wo hingegen sich Klaus Naumann hauptsächlich auf das Jahr 1995 bezieht.

2. Aleida Assmann: Wendepunkte der deutschen Erinnerungsgeschichte

Aleida Assmann ist eine promovierte Anglistin und der Aufsatz ist der Monographie „Geschichtsvergessenheit – Geschichtsversessenheit", welches sie zusammen mit Ute Frevert verfasste, entnommen.

Die deutsche Erinnerungsgeschichte lässt sich in drei Phasen aufsplitten. Die erste bezeichnet Assmann als Phase der Vergangenheitspolitik.[3] Der Zeitraum kann hierfür für die Jahre von 1945 bis 1957 angesetzt werden. Charakterisiert wird diese Zeit durch den Ausdruck „Kommunikatives Beschweigen", welcher von dem deutschen Soziologen Hermann Lübbe geprägt wurde.[4] Wichtig waren für die damalige Politik zwei Themen, nämlich erstens eine Politik der Wiedergutmachung und zweitens eine Politik der Amnestie. Während sich die Wiedergutmachung als schwer zu gestaltende Aufgabe erwies, verlief die Amnesierung, das heißt die Wiedereingliederung der ehemaligen Nationalsozialisten weitgehend mühelos. Der spätere Bundeskanzler Kurt-Georg Kiesinger bezeichnete dies euphemistisch als „innere Integration". Das wohl bekannteste Beispiel für diese Phase stellt der Staatssekretär Hans Globke da. Er arbeitete im Bundeskanzleramt in den Legislaturperioden Adenauers, hatte jedoch zu Zeiten des Nationalsozialismus eine nicht unerhebliche Rolle bei der Ausarbeitung der Nürnberger Rassegesetze gespielt.

---

[1] Aleida Assmann: Wendepunkte der deutschen Erinnerungsgeschichte, in: Geschichtsvergessenheit – Geschichtsversessenheit: vom Umgang mit deutschen Vergangenheiten nach 1945, hrsg. v. Aleida Assmann u. Ute Frevert, Stuttgart 1999, S. 140-147.
[2] Klaus Naumann: Krieg als Text. Hamburg 1998.
[3] Assmann 1999, S. 143.
[4] Ebenda, S. 141.

Die zweite Phase ist bestimmt von der Kritik der Vergangenheitsbewältigung.[5] Sie kann von 1957 bis 1984 datiert werden. Diese Zeit wird durch eine verschärfte Verfolgung von Verbrechen der Nationalsozialisten bestimmt. Beispielsweise wird 1958 eine Arbeitsstelle für die Erforschung von NS – Verbrechen eingerichtet. Symbolisiert werden diese verschärften Strafverfolgungsbemühungen durch die Auschwitz – Prozesse in Frankfurt. Diese Phase findet ihren Höhepunkt mit dem Engagement der Studentenbewegung von 1968.

Die letzte Phase welche 1985 beginnt und noch immer andauert, wird von Assmann als Phase der Erinnerung bezeichnet.[6] Diese kann wiederum in zwei Teilbereiche untergliedert werden: Vergangenheitsbewältigung und Vergangenheitsbewahrung.[7] Der erste Teilbereich wird durch Helmut Kohl symbolisiert. Unvergessen dürfte unter anderem seine Versöhnungsgeste mit dem damaligen französischen Staatspräsidenten Francois Mitterrand über den Gräbern von Verdun sein. Hier wurde zwischen einst verfeindeten Staaten Versöhnung zelebriert. Richard von Weizsäcker steht jedoch für den zweiten Teilbereich, der Vergangenheitsbewahrung. Anstelle von Versöhnungsgesten tritt nun das ewigliche Versprechen der Täter an die Opfer, sich der begangenen Untaten stets zu erinnern. Nun wird auch die Schwäche des ersten Teilbereichs deutlich: Versöhnungsgesten sind vielleicht zwischen Staaten möglich, zwischen Opfern und Tätern jedoch nur bedingt. Für die Irreparabilität des Schadens kann es nur eine Solidarität in der Erinnerung geben.[8]

Gerade die Phase der Nachkriegszeit war verstärkt durch sogenannte Selbst – Entlastungsmechanismen geprägt.[9] Assmann nennt hier zuerst den Mechanismus des Schweigens. Schweigen als eine bewusste Reduktion von Kommunikation ist hiermit gemeint, und nicht eine Art Verdrängen, das eher unterbewusst abläuft. In der Praxis wurden also konkrete biographische Erfahrungen der Zeit des Nationalsozialismus überhaupt nicht debattiert. Die Reaktion des Schweigens ist somit bezeichnend für die Gründungsphase der Bundesrepublik. Als zweiten Mechanismus führt Assmann das Opfer – Syndrom an.[10] Insofern dann doch über die Zeit des Dritten Reiches gesprochen

---

[5] Assmann 1999, S. 144.
[6] Ebenda, S. 144.
[7] Ebenda, S. 145.
[8] Ebenda, S. 146.
[9] Ebenda, S. 140
[10] Ebenda, S. 141.

wurde, ist strikt darauf geachtet worden den Unterschied zwischen Regime und Volk herauszustellen. Man konnte sich in der Kollektivunschuld üben. Dieser Mechanismus war jedoch nicht nur Sinnbild der Gründungsjahre, er ist vielmehr bis in die jüngste Vergangenheit anzutreffen. Der letzte von Assmann benannte Mechanismus betrifft den Anti – Kommunismus.[11] Gerade am Beginn und Wiederaufbau des neuen Staates konnte es man sich nicht leisten dem Krieg zu gedenken, da ja zuerst der ideologische Gegner im Osten eingedämmt werden musste. Man ist sogar dazu übergegangen das eigene historische Erbe von sich selbst abzuspalten indem das jeweilige Staatsverständnis des Nachbarstaates mit der NS – Ideologie gleichgesetzt wurde. Dieser Mechanismus ist mit dem Ende des kalten Krieges obsolet geworden.

3. Klaus Naumann: Krieg als Text

Klaus Naumann ist Politologe und Historiker und arbeitet für das Hamburger Institut für Sozialforschung.

Das Ziel seiner Monographie war das, wie er es bezeichnet, Schwellenjahr der Erinnerungskultur 1995.[12] Naumann hat anhand der verschiedensten Presseartikel- und Berichte, die zu sämtlichen Gedenk- und Erinnerungstagen verfasst wurden, versucht die Prozeduren des Gedenkjahres herauszufiltern. Er wollte eine „[…] Syntax des Gedenkens an das Ende von Vernichtungskrieg und NS – Regime […]"[13] herausfinden. Er gibt einen Eindruck über die stetige Präsenz des Krieges, auch 50 Jahre nach seiner Beendigung. Sein Werk kann als eine Art Collage einer subjektiven Presseberichterstattung gesehen werden.

Zuerst musste er jedoch generell feststellen, dass sich die deutsche Bevölkerung immer noch in einer *floating gap*, der Unterschied zwischen der Generation, die den Krieg noch selbst erlebt hat und somit selbst erinnert und der symbolisch sich erinnernden Nachwelt, befand. Seine These des Schwellenjahres 1995 konnte er anhand mehrerer Veränderungen allgemeiner Art ableiten. Zum ersten wurde 1995 der Mythos der sauber gebliebenen Wehrmacht widerlegt, zum zweiten wurde in einem wahren Erinnerungsmarathon den Opfern wie noch nie zuvor gedacht und schließlich wurden drittens aber auch die deutschen Zivilverluste in hohem Maße gewürdigt. Diese

---

[11] Assmann 1999, S. 141.
[12] Naumann 1998, S. 303.
[13] Ebenda, S. 13.

Beobachtungen allgemeiner Art manifestierten sich in den einzelnen Gedenkveranstaltungen. Hier sei beispielhaft der Befreiungstag von Auschwitz angeführt: Nicht nur eine erstmalige Einladung an ein deutsches Staatsoberhaupt war bemerkenswert, vielmehr jedoch der allgemeine Tenor der Pressetexte. Die Trennlinie der Erinnerung verlief nicht mehr zwischen Verleugnung und Erinnerung, sondern zwischen Enthistorisierung und Historisierung.

Als weitere wichtige Neuerung des Jahres 1995 konnte Naumann eine verstärktere Ausdifferenzierung der einzelnen Akteursgruppen feststellen. Wo zu früheren Jahren nur zwischen relativ heterogenen Großgruppen wie zum Beispiel den Soldaten oder den Ortsbevölkerungen unterschieden wurde, wurde nun in homogenere Einzelgruppen unterteilt. Die Gruppen der Bombengeschädigten, der Flüchtlinge und Vertriebenen, der Wohnbevölkerung, der Sieger, der nationalsozialistischen Opfer und der Soldaten konnten aus den Pressetexten herausgelesen werden. Die Gruppe der Soldaten hatten die größten Sympathieschwankungen zu verzeichnen. Weiterhin wurde das überlieferte Bild des bloßen Pflichtsoldaten mit größerer Skepsis betrachtet als in den Jahren zuvor. Galten die Soldaten früher auch als Bewahrer der Heimat, gerade an der Ostfront, so wurden sie nun als Geschlagene dargestellt.

Des Weiteren untersuchte Naumann die Selbstdarstellung und Repräsentation der einzelnen Erinnerungsgemeinschaften. In historischen Berichten wurde oftmals der Begriff *die Deutschen* gebraucht, zumeist ging es jedoch immer um spezifische Gruppenschicksale.[14] Für alle diese Erinnerungsgemeinschaften war es verlockend sich zuvorderst als Opfer zu sehen und darzustellen. Einigen gelang es jedoch eine differenziertere Selbstwahrnehmung vorzunehmen.

Die Erinnerungsgemeinschaft der Bombengeschädigten hatte 1995 ihren zentralen Gedenkort in Dresden, symbolisiert durch die Frauenkirche, gefunden. Jedoch war man sich unsicher wie man mit dem zivilen Massentod umgehen sollte und ob es möglich war eine unschuldige Klage zu erheben. Die Erinnerungsgemeinschaft der Vertriebenen hatte noch keine zentrale Gedenkstätte gefunden, sie tat sich auch schwer sich selbst nicht nur als Opfer wahrzunehmen. Im Gegenteil, die Erinnerungsgemeinschaft war eher versucht das eigens erlittene Leid aufzurechnen und „[...] in eine

---

[14] Naumann 1998, S. 317.

Leidenskonkurrenz zu treten."[15] Die Erinnerungsgemeinschaft der Wehrmachtsangehörigen rutschte in eine negative Beurteilung ab, nicht zuletzt durch die Darstellung des Vernichtungskrieges in den Wehrmachtsausstellungen. Schriftstücke über die Wehrmacht pendelten zwischen beendigter Legendenbildung und verdrossener Zurückweisung auf der anderen Seite. Eine bis dato einmalige Würdigung erhielt die Erinnerungsgemeinschaft der Opfer des Nationalsozialismus. Obwohl sie „Wie nie zuvor[…] in den Texten präsent […]"[16] waren, wurden die Lebensläufe der befragten Personen stets auf die Zeit des Nationalsozialismus reduziert, sie wurden zumeist nur als „ Zeugen einer weit zurückliegenden Zeit […]"[17] wahrgenommen.

Ein weiterer Forschungsgegenstand von Naumann war das Verhalten der *Täter* – Erinnerungsgemeinschaften den Opfern gegenüber. Hier konnte er eine starke Selbstbezüglichkeit der einzelnen Erinnerungsgemeinschaften ausmachen, obwohl keinerlei Ressentiments den Opfern gegenüber gezeigt wurden, zeigten sie sich dennoch wenig bereit sich auf fremdes Leid einzulassen. Die Erinnerungsgemeinschaften hatten sich stets in dem Spannungsfeld aus Opfergedenken und den eigenen erlittenen Erfahrungen zu bewegen. Es regte sich vielmehr „[…] das Verlangen nach stärkerer (oder andersartiger) öffentlicher Würdigung der deutschen Zivilverluste […]"[18].

Als Fazit des Gedenkjahres kommt Naumann zu folgenden Feststellungen: In der allgemeinen Betrachtung konnte festgestellt werden, dass 1995 immer mehr vom Rituellen zum Diskursiven übergegangen wurde. Beispielhaft dargestellt heißt das, dass vom Gedenkgottesdienst zu Selbstreflexion fordernden Ausstellungen übergegangen wurde. Die Problematik sich selbst zuerst immer als Opfer zu sehen war nach wie vor latent vorhanden. In vielen Beiträgen der Erinnerungsgemeinschaften der Täter traten zumeist die negativen Seiten der Tatbeteiligung in den Hintergrund. Aus den Texten konnte man den Eindruck gewinnen, dass die gedenkenden Deutschen versucht waren „[…] ein neues, geläutertes Selbstbild […]"[19] zu modellieren. Außerdem stellt Naumann den Widerspruch zwischen dem Gedenken an alle Opfer einerseits und der Wahrnehmung „[…] der komplexen Wirklichkeit dieses Kriegs […]"[20] andererseits,

---

[15] Naumann 1998, S. 319.
[16] Ebenda, S. 320.
[17] Ebenda.
[18] Ebenda, S. 324.
[19] Ebenda, S. 327.
[20] Ebenda, S. 328.

heraus. Da dieser Widerspruch auch 1995 noch nicht überwunden werden konnte, schließt der Autor mit dem Satz: „Der Krieg war seit fünfzig Jahren vorbei, der Nachkrieg nicht. Noch nicht."[21]

Um die Thematik abzuschließen bietet sich jedoch auch der Schlusssatz von Aleida Assmann an: „Wir haben nicht die Wahl, diese Erinnerung auszuschlagen, und müssen uns doch frei für sie entscheiden."[22]

---

[21] Naumann 1998, S. 328.
[22] Assmann 1999, S. 147.

4. Literaturverzeichnis

Assmann, Aleida: Wendepunkte der deutschen Erinnerungsgeschichte, in: Geschichtsvergessenheit – Geschichtsversessenheit: vom Umgang mit deutschen Vergangenheiten nach 1945, hrsg. v. Aleida Assmann u. Ute Frevert, Stuttgart 1999, S. 140-147.

Naumann, Klaus: Krieg als Text. Hamburg 1998.

BEI GRIN MACHT SICH IHR WISSEN BEZAHLT

- Wir veröffentlichen Ihre Hausarbeit,
  Bachelor- und Masterarbeit

- Ihr eigenes eBook und Buch -
  weltweit in allen wichtigen Shops

- Verdienen Sie an jedem Verkauf

Jetzt bei www.GRIN.com hochladen
und kostenlos publizieren